La Musique et la Morale

Camille Bellaigue

Édition : BoD • Books on Demand GmbH, In de
Tarpen 42, 22848 Norderstedt (Allemagne)
Impression : Libri Plureos GmbH, Friedensallee
273, 22763 Hamburg (Allemagne)
ISBN : 978-2-3225-3786-0
Dépôt légal : Août 2024

REVUE MUSICALE

LA MUSIQUE ET LA MORALE

C'est une question que nous aurions aimé traiter ici, — nous ne disons pas résoudre, — du vivant et comme sous les yeux de notre regretté maître, Ferdinand Brunetière. Sa maîtrise en effet s'étendait aux choses mêmes qu'il affectait parfois de tenir pour indifférentes. La musique figurait au premier rang de celles-là. Mais ces choses, qui n'étaient pas siennes par le sentiment ou la sympathie, il les voulait du moins et les faisait telles par l'intelligence, par une intelligence à laquelle rien d'humain, — ni de divin, — ne fut étranger. « La musique, » nous disait-il un jour, « je ne l'aime pas et je ne m'y entends guère… Mais tout de même il ne me serait peut-être pas impossible de la réduire à deux ou trois idées générales. » Assurément, et par bonheur, il ne l'y eût jamais réduite. Mais toujours c'est aux idées générales qu'il nous conseillait de la rapporter. En souvenir de lui, nous suivrons encore aujourd'hui son conseil.

Une des conférences les plus fameuses du grand orateur eut pour sujet et pour titre : *L'art et la morale*[1]. La musique y était touchée seulement en passant, d'une main rude. Ayant, dès le début, — tel fut l'argument ou le fond du discours, — dénoncé dans chacun des arts (hormis la seule architecture) la tendance à l'immoralité, l'orateur ajoutait avec un redoublement de rigueur : « Que serait-ce, si je m'avisais de vouloir emprunter des exemples à la musique ? »

Empruntons-les-lui nous-même aujourd'hui, mais avec plus de complaisance pour elle ; dans le dessein, non de la condamner, mais tantôt de l'excuser, tantôt de l'absoudre, et, s'il se peut, de la glorifier. Ici, malgré notre admiration, nous ne jurerons point *in verba magistri*. Aussi bien, le maître n'avait pas coutume d'exiger, fût-ce de ses disciples obscurs, une aveugle soumission. Toutes les libertés lui étaient chères, mais celle de l'esprit entre toutes. Pourvu qu'il excitât à penser, il supportait, il aimait peut-être que ce fût contre lui. C'est ainsi que, sans être selon lui, ces quelques pages pourtant seront un peu siennes. N'ayant pu les soumettre hélas ! à son jugement, qu'il nous soit permis de les dédier à sa mémoire.

L'art, disait-il, avec sévérité, l'art est immoral, ou du moins tend à l'immoralité pour trois raisons, et qui sont de son essence même. « Il y en a une, si je ne me trompe, qui saute aux yeux d'abord, et qui est que toute forme d'art est obligée, pour atteindre à l'esprit, de recourir à l'intermédiaire non seulement des sens, notez-le bien, mais du plaisir des sens. »

Le second germe de corruption que l'art enferme en lui, c'est qu'il imite la nature, laquelle « est immorale, foncièrement immorale, j'oserai dire immorale à ce point, que toute morale n'est en un sens et surtout à son origine, dans son premier principe, qu'une réaction contre les leçons ou les conseils que la nature nous donne. »

Et voici la troisième et dernière cause de cette immoralité qu'on peut regarder comme inhérente au principe même de l'art : « Je veux parler d'une condition qui semble s'imposer à l'artiste et qui consiste, pour assurer son originalité, non pas précisément à se retrancher de la société des autres hommes et à s'enfermer dans sa « tour d'ivoire, » mais à s'excepter cependant du troupeau. » Cette exception, pour peu qu'elle fût réelle, risquerait en effet de faire de l'artiste un personnage, et de l'art un phénomène anti-social, inhumain.

En somme, et pour user de vilains mots, qui disent pourtant ce qu'ils veulent dire, sensualisme, naturalisme, individualisme, tels seraient les trois périls ou les trois vices attachés à la notion, ou plutôt à l'existence de l'art. Rapportons un moment à ces trois idées l'idée même de la musique. Demandons-nous dans quelle mesure la musique peut encourir ce triple reproche et dans laquelle, au contraire, elle y peut échapper.

I

On lit dans les *Confessions* de saint Augustin : « Je vous remercie, Seigneur, parce que vous avez délivré mon âme du plaisir de l'oreille. » Et pour les musiciens, ou plutôt contre eux, cette parole est terrible. Mais ne l'oublions pas, et que cela nous rassure, elle est plus que d'un moraliste : elle est d'un saint, d'un mystique, et que tout à l'heure même nous retrouverons moins sévère. Elle enferme un conseil de perfection, non la règle des mœurs, ni le précepte ou la défense commune. Elle ne va point, cette parole, et ne saurait aller jusqu'à décider que tout plaisir d'entendre soit coupable. Elle nous permet d'écouter et de goûter ce qu'on appelait naguère les voix ou les harmonies de la nature, le murmure de la forêt, la chanson du vent ou de la vague, et celle de l'oiseau. Que dis-je ! Il n'y a pas que la musique, où le plaisir de l'oreille, sans être condamnable, intervienne. Dans la poésie, dans l'éloquence, fût-ce la plus sainte, celle des Bossuet ou des Lacordaire, il a sa part et son action. Des mots enfin, rien que des mots, possèdent une beauté

5

purement sensible, et pour nous émouvoir, non pas même chanté, mais psalmodié seulement par la voix plaintive du prophète, le nom de Jérusalem n'a besoin que de résonner.

La musique, à vrai dire, la musique véritable, complète, verse en nous de bien autres délices. Qu'elle soit de tous les arts le plus sensuel, ou qu'elle le puisse être, il serait malaisé de ne point en convenir. Notre maître avait raison quand il disait : « Nos jugemens ne dépendent nulle part plus qu'en musique de l'état de nos nerfs. » Et ceci, que nous lisions dernièrement, est également la vérité : « De tous les arts, elle (la musique) est de beaucoup celui qui, par sa nature même, a la plus forte prise sur la sensation et dispose des moyens de séduction physique les plus puissans. La prédominance du matériel sur l'intellectuel, de la commotion nerveuse sur l'exaltation sentimentale, caractérise les voluptés que procure un art musical savant et corrompu. Et cette corruption n'est pas esthétique seulement, elle menace l'intégrité de la pensée et de la volonté chez l'auditeur. La jouissance de la musique peut en venir à ne différer qu'en degré plutôt qu'en nature, de celle qu'on demande aux stupéfians[2]. »

À la fois « savant et corrompu, » un art musical de cette nature, de cette double nature, n'est pas très éloigné du nôtre, j'entends de celui que certains musiciens, et non les moindres, nous proposent ou nous imposent aujourd'hui. Quant à la « prédominance du matériel, » — et, par exemple, de l'orchestre ou de l'orchestration, — serait-il impossible de ramener à ce caractère principal, pour ne pas dire unique, l'évolution générale de la musique moderne ? Avec un philosophe anglais, M. Balfour, et d'après lui, Brunetière l'a très bien observé : « Les sens s'affinent, ou plutôt ils s'aiguisent ; ils deviennent plus subtils et plus exigeans ; ils ont besoin, pour éprouver la même quantité de plaisir, d'une quantité d'excitation plus grande. » Cela est vrai de la musique beaucoup plus encore que des autres arts ; c'est en musique surtout que nous avons un besoin croissant de sensations pour éprouver la même quantité, sinon la même qualité, de plaisir.

Si la sensation est à la base de la musique en général, il y a telle ou telle musique en particulier que la sensualité semble posséder tout entière. Sensualité légère, innocente, s'il ne s'agit que de certaine musique italienne, — « la plus physique que je connaisse, » a dit cet épicurien de Stendhal, parlant de je ne sais quelle partition de Rossini. Intense, et profonde, et terrible sensualité, dirons-nous à notre tour, en songeant à plus d'une œuvre ou d'un chef-d'œuvre même de Wagner, à mainte page de son *Tannhäuser,* de son *Parsifal,* et à presque tout son *Tristan.*

Mais que de musique au contraire, celle des Palestrina, des Bach et des Haydn, celle des Mozart et des Beethoven, dont on pourrait soutenir qu'elle est surtout esprit ! Bien plus, il semble que la musique même, la musique en soi, possède une spiritualité particulière. Autant qu'un art, elle est une espèce de science. Non moins que la sensation, la raison ou l'entendement se rencontre à sa base. Elle opère sur des nombres, sur des rapports de nombres, et si la fameuse définition de Leibnitz : « Un exercice inconscient d'arithmétique, » ne la comprend pas tout entière, quelque chose d'elle y est cependant enveloppé. Le sens musical enfin, je veux dire celui que la musique affecte, l'ouïe, nous apparaît investi d'une noblesse spéciale et d'une éminente dignité. Il a des titres sacrés, divins même à notre respect. Ébloui par le buisson de flammes, Moïse ne vit point, mais entendit le Seigneur. *Fides ex auditu,* nous dit profondément saint Paul, et Thomas, le disciple incrédule, fut repris par son maître pour ne pas s'être contenté d'entendre, pour en avoir appelé du témoignage plus idéal de son oreille à l'assurance plus matérielle de ses yeux et de ses mains.

La musique, en outre, — la remarque est, croyons-nous, de Hegel, — a ceci de plus immatériel que les autres arts, que la matière même dont elle est faite, au lieu de durer, se dissipe à l'instant. Le son n'a pas un être permanent comme la couleur ou le relief. Il s'évanouit à peine formé, sans laisser de trace. Il ressemble au parfum de l'encens, dont parle Bossuet, « qui s'exhale et qui n'a son effet qu'en se perdant. »

Enfin (suprême réponse au reproche de sensualisme ou d'immoralité) la musique, nous l'avons observé naguère, est le seul art qui puisse subsister encore, dont au moins quelque chose demeure, le sens même auquel elle s'adresse et par lequel elle passe, venant à manquer. Si l'on est empêché de l'entendre, il est possible de lire la musique et d'y prendre alors un plaisir qui n'a plus rien de corporel. Le plus grand des musiciens était sourd et, pour lui vraiment intérieures, les voix, ses voix, ne chantaient qu'en son âme. C'est ici le triomphe, le miracle de l'idéalisme, et je ne sache pas qu'un autre art puisse prétendre à partager avec la musique ce merveilleux privilège, dépouillant le signe sensible qui lui est propre, de ne plus exister que par et pour l'esprit.

II

La musique sans doute existe aussi, comme les autres arts, par la nature, qui l'inspire et qu'elle imite. Mais il y a dans sa façon de l'imiter quelque chose assurément de particulier, de supérieur peut-être.

Au surplus, et d'abord, on ne saurait convaincre la nature, hormis la nature animale, de pratiquer et de conseiller l'immoralité. La nature inanimée est innocente. Elle nous donne même de grands spectacles et de hautes leçons. Elle rend au besoin de sublimes témoignages. *Cœli enarrant gloriam Dei.* On sait le mot de Beethoven : « J'aime mieux un arbre qu'un homme. » Et M. Faguet, répondant jadis à Brunetière, avait raison contre lui quand il écrivait à peu près ceci : « Les plaines célestes ne sont pas immorales et n'enseignent aucune immoralité. L'ordre immense de l'univers ne donne aucunement le spectacle de l'injustice… La nature végétale n'offre que le spectacle d'un demi-sommeil doux, pacifique et plein de mansuétude. Une forêt n'est immorale que par les bêtes qui s'y entretuent. En elle-même, elle est plutôt sereine, majestueuse, douce, et elle verse des pensées de paix avec ses ombres. »

Cette nature inoffensive, et qui peut même être bienfaisante, la musique l'a souvent prise pour modèle. La musique abonde en paysages, et s'il en existe d'indifférens, ou d'*amoraux*, il y en a qu'une vie intense et pure anime, où respire vraiment une âme soit noblement humaine, soit tout près d'être divine. C'est l'*arioso* de la *Passion selon saint Matthieu*, de Sébastien Bach, où le souffle du soir passe sur le Calvaire. C'est Tannhäuser tombant à genoux dans la campagne fleurie, vaincu autant par le cantique des pèlerins que par la douceur et la caresse du printemps. C'est « l'Enchantement du Vendredi-Saint » et la nature entière, depuis le ciel jusqu'au brin d'herbe, émue, attendrie, au retour seul du jour de la Rédemption.

Ainsi la musique est loin de mépriser ou seulement de négliger la nature. Mais elle n'en procède, elle n'en dépend pas de la même façon que les arts de la forme visible ; elle est liée, ou soumise, par un rapport moins direct et moins étroit, à l'univers. La musique d'abord, — excepté la musique imitative, genre inférieur et borné, — la musique ne saurait reproduire les choses que par un détour, en les transposant d'un ordre de phénomènes dans un autre, en faisant de ce qui se voit ce qui s'entend. Et puis, et surtout, c'est l'être même de la musique où la nature n'a pas la place, et la prise, qu'on a quelquefois prétendu. Victor de Laprade, en un livre intitulé : *Contre la musique*, n'a pas craint d'écrire : « La musique, si puissante sur le cœur de l'homme, se forme tout entière dans le monde extérieur, en dehors du domaine de notre volonté, comme un orage qui se forme dans l'espace et qui va fondre sur nos têtes. Cet art, dont les effets physiques sont irrésistibles comme les effets de l'électricité ou du magnétisme, est celui de tous qui suppose chez l'artiste le moins de liberté d'esprit et de clairvoyance morale, celui de tous qui se produit le plus fatalement en vertu de lois presque mécaniques, comme une cristallisation, comme une agrégation ou une dissolution de substance dans un alambic. » À cette assertion radicalement fausse et qui calomnie la musique en la matérialisant, le commentateur de Nietzsche que nous citions plus haut, nous fournit une excellente réponse. Elle suffirait à rétablir le caractère supra-naturel, et ce qu'on pourrait appeler l'intériorité de la musique : « Toute invention esthétique sincère et vivante, dit très bien M. Lasserre, naît d'une émotion. Les émotions esthétiques de l'artiste plastique ou littéraire s'attachent à des objets représentés par les sens ou l'intelligence. Un visage, un paysage, un caractère, une action, un événement saisissent sa sensibilité par la richesse de signification qu'il perçoit en eux. Au contraire, l'émotion du musicien créateur s'éprouve, pour ainsi dire, les yeux fermés et ne s'alimente qu'à la source intérieure de sa sensibilité. »

Autant que la source ou l'origine de la musique, son objet ou sa matière est intérieure. La nature, mais la nature humaine surtout, forme son véritable empire. Les choses n'ont inspiré qu'une symphonie, sur neuf, à Beethoven.

Encore nous a-t-il avertis, par certaine épigraphe[3], que c'était les choses dans leur rapport avec le sentiment ou l'âme.

Et l'âme, l'âme seule, voilà ce que, de l'humanité, la musique peut saisir. Saint Thomas a très bien dit, après Aristote et toute l'antiquité : *In audibilibus inveniuniur similitudines morum.* La musique n'est pas née de la chair et la représentation de la chair ne saurait naître d'elle. Il y a là pour elle un avantage, une supériorité mystérieuse et qu'elle partage avec la seule architecture, dans l'ordre de la moralité. La peinture, la sculpture ont leurs musées secrets, mais non pas la musique. Plus chaste que la poésie elle-même, la musique, au moins la musique sans paroles, ne réserva jamais dans ses bibliothèques une place cachée à des chefs-d'œuvre impurs. Pour la jeunesse, pour l'innocence, il ne saurait y avoir en musique de livres dangereux et défendus.

La musique pourtant, même sans paroles, peut manquer de quelque façon non pas aux mœurs, mais à la moralité. La critique ne serait pas en peine d'établir ou d'indiquer au moins une hiérarchie morale entre les musiciens. Taine avait trouvé dans « le degré de bienfaisance du caractère » la mesure suprême et véritablement « éthique » de la beauté visible. Elle s'applique même à la beauté sonore. Qui ne voit, par exemple, de haut ou de loin, et sans entrer dans le détail, quelles images inégales de la nature humaine le génie d'un Beethoven et celui d'un Schumann, celui d'un Bach et celui d'un Berlioz ou d'un Wagner, ont données. En laissant encore une fois de côté la musique de théâtre ou de chant, celle que l'action ou la parole précise et peut corrompre, en ne nous attachant qu'à la musique « indépendante, » nous saurions bien où trouver, chez lequel ou lesquels de ces maîtres, la plus noble et la plus pure, la plus fière et la plus libre représentation de nous-mêmes, l'idéal de l'ordre et de la sagesse, de la grandeur et de la volonté. À l'heure du trouble et peut-être de l'égarement, n'est-ce pas aux fugues de Bach plutôt qu'au prélude de Tristan que nous demanderons, comme dit si bien le peuple, de nous « faire une raison ? » Une symphonie de Beethoven, et non de Schumann, nous sera conseillère de courage et d'héroïsme, nous montrera le salut, avec l'honneur, dans la défaite de la passion, et non dans son triomphe. Ainsi des œuvres inégales en beauté le sont encore en vertu, et dans l'ordre de la nature, de la nature humaine, il paraît impossible de ne point accorder à la musique la puissance d'agir sur notre être moral, de le fortifier ou de l'affaiblir, de le dissoudre ou de le concentrer.

III

Autant que sur chacun de nous, sinon davantage, la musique agit sur nous tous ensemble. Loin de nous séparer, elle nous rapproche et nous unit. Elle est le plus collectif et le plus social, ou, pour employer des mots plus anciens, mais que nous préférons toujours, le plus fraternel et le plus charitable des arts.

Si jamais un grand artiste, par orgueil et mépris, s'est « excepté du troupeau ; » s'il s'est enfoncé dans la satisfaction de soi, dans l'indifférence et la froideur, est-ce, dites-nous, le tendre Mozart, dont le génie et l'âme ne furent qu'amour et que bonté ? Est-ce Beethoven ? Ou bien au contraire, pour justifier à jamais la musique de semblables reproches, ne suffirait-il pas, celui-ci, de le nommer ? Pourtant, un Dieu jaloux l'avait séparé du monde, et, le murant en lui-même, en lui seul, en sa retraite affreuse, il l'avait presque excusé par avance de tout y oublier, sinon de tout y maudire. Mais en lui-même, en lui seul, Beethoven a trouvé l'humanité tout entière, et la plainte universelle que n'entendait pas son oreille, on sait comment y répondit sa voix. Celui qui pouvait être le plus personnel et le plus égoïste des musiciens, en a été le plus sympathique, le plus généreux et le plus pitoyable. Aux prises tout le premier avec la douleur, il a fini par vaincre sa propre souffrance. Affranchi d'elle alors, et s'élevant plus haut qu'elle, dans ses œuvres suprêmes, dans le finale de la neuvième symphonie ou dans l'*Agnus* de la messe en *ré*, c'est pour ses frères innombrables, c'est pour des « millions d'êtres » qu'il a demandé la paix et la joie.

Ces dons, que sa musique implore, la musique a le secret de les dispenser aux hommes assemblés. La musique est, par sa nature même, l'amie et la bienfaitrice de la foule. Plus que les autres arts, elle attire le peuple et le retient. Des concerts ont pu s'appeler populaires, mais non pas des musées.

Parmi les actes de la vie en commun, — nous parlons des actes élémentaires et primitifs, — il en est peu qui ne trouvent dans la musique un accompagnement, un soutien ou un secours, ne fût-ce qu'une parure. Chacun sait que Darwin a donné pour origine, lointaine autant qu'animale, au chant et par suite à la musique, le désir que ressent et manifeste le mâle de plaire à la femelle, autrement dit le fait social par excellence, d'où tous les autres sont issus, et qui s'appelle l'amour.

Si la musique vient de l'amour, l'amour du moins peut se passer de musique. Mais il est d'autres faits ou phénomènes de relation, où presque nécessairement elle se mêle.

La guerre, à laquelle on pense d'abord, ne se fit jamais « sans tambour ni trompette, » et, même pacifique, la vie du soldat, ou plutôt des soldats réunis, la journée de la caserne, est réglée en ses moindres détails et pourrait presque s'exprimer ou se raconter par des sonneries de clairon.

Un autre exemple, un peu moins banal peut-être, est tiré du travail, du travail matériel, et de celui surtout qui s'accomplit en commun. Les poètes eux-mêmes ont témoigné de cette alliance nécessaire, de l'ordre et du secours à la fois que la musique apporte aux labeurs humains. Vous ne l'ignorez pas,

Laveuses, qui dès l'heure où l'Orient se dore,
Chantez, battant du linge aux fontaines d'Andorre.

Ils le savent aussi, les « travailleurs de la mer, » et ceux de la glèbe, tous ceux qui se courbent sur les rames, sur la charrue ou la faucille, aux sons cadencés et bienfaisans de leur propre voix.

Les économistes, à cet égard, se rencontrent avec les poètes. Nous avons lu dans un ouvrage récent qu' « un observateur a fait en Allemagne une statistique assez curieuse. En comparant le résultat du travail des ouvriers qui chantent et le résultat du travail des ouvriers qui ne chantent pas, il a constaté que les premiers produisaient plus que les autres[4]. »

Une seconde observation, que le même auteur rapporte, et qui vient de plus loin, nous paraît plus originale encore et plus pittoresque. Elle évoque des scènes exotiques, mélodieuses et marines. Il s'agit de certain air chanté par les plongeurs africains tandis qu'ils travaillent à dégager les vaisseaux ensablés. « Qu'on se figure cinq cents nègres nageant autour du navire et chantant cet air ; à la huitième mesure, ils plongent tous à la fois, continuent de suivre mentalement la musique au fond de la mer ; à la douzième mesure, ils poussent le navire ensemble, et à la seizième ils remontent sur l'eau. Ils agissent ainsi tous de concert et aucun de leurs efforts n'est perdu[5]. »

Auxiliaire du travail, la musique n'est pas moins favorable à la religion, cette autre forme encore plus noble de la vie sociale et plus sacrée encore. La musique fut toujours et partout inséparable du culte et de la prière en commun, plus étroitement liée à celle-ci que la peinture, la sculpture et l'architecture même, puisque seule elle s'incorpore en quelque sorte à la parole sainte et ne fait plus qu'un avec elle. Aussi fortement qu'elle unit les hommes ensemble, la musique les unit, ensemble, avec Dieu. Mais c'est à de certaines conditions de simplicité, de pureté, qu'on méconnaît et qu'on enfreint aujourd'hui. Plus d'une fois nous avons essayé de les rappeler, de les définir, et souhaité qu'on les rétablît. Hélas ! une volonté souveraine, ou qui devrait l'être, n'a pas encore, en cette matière, pu se faire obéir, ou seulement écouter. La musique, dans la plupart de nos sanctuaires, continue d'être la voix du monde et non du peuple ou de la foule. Elle est déchue ainsi de la fonction, de la dignité sociale et religieuse qui fit durant des siècles le plus haut élément peut-être de sa moralité.

Sur la nature de la musique et sur sa vertu le christianisme ne s'est pas trompé. Les Pères et les saints ont toujours eu pour la musique une dilection particulière.

Que si vous nous rappelez ici le mot de saint Augustin, cité par nous tout à l'heure, nous le reprendrons nous-même, mais avec d'autres mots qui le suivent de près, avec d'autres aussi, qui de plus loin lui répondent et tous ensemble l'atténuent. Indécis et partagé longtemps, avec violence, ainsi qu'il convenait à son âme et à son génie, saint Augustin a ressenti l'attrait et l'effroi de notre art ; il en a chéri le bienfait et détesté le maléfice. Parmi tant de combats, livrés en son cœur orageux, celui-là ne fut pas le moins tragique et n'est pas, dans les *Confessions*, le moins éloquemment raconté.

A peine a-t-il remercié le Seigneur d'avoir affranchi son âme de la volupté d'entendre, voici ce qu'ajoute aussitôt le pénitent passionné : « Cependant, lorsque j'écoute vos louanges, chantées par une voix belle, harmonieuse, habile, comme les paroles de votre Ecriture forment en quelque sorte l'âme du chant, je me sens encore, quoique moins qu'autrefois, touché de plaisir. La douce mélodie semble demander quelque place dans mon cœur. Elle en réclame même une avantageuse et j'ai de la peine à voir juste laquelle je dois lui donner. »

Il la lui donnait, malgré tout, malgré lui-même, glorieuse. D'autres aveux de sa bouche en témoignent ; non seulement de sa bouche, mais de ses yeux, qu'au jour de son baptême, le chant des hymnes et des cantiques mouillait de pleurs. « Votre vérité, Seigneur, inondait mon âme ; mes larmes coulaient et j'étais bien avec mes larmes. » Si la musique fut parfois sensuelle, immorale, que faut-il davantage pour qu'elle soit pardonnée ?

Mais dans l'histoire du christianisme elle a trouvé d'autres indulgences, que dis-je, reçu d'autres hommages encore.

Saint Thomas d'Aquin a parlé non seulement de la musique d'église, — la vraie, la pure, — mais de la musique en général avec sympathie, avec tendresse. On pourrait aisément dégager de son œuvre les principes d'une éthique musicale. Parmi ces lois, sans doute, autant que de libérales il s'en trouverait de sévères, au moins de prudentes. Saint Thomas cependant ne parait pas avoir eu de la musique la défiance, presque la crainte, qui trouble encore saint Augustin et lui vient peut-être de trop d'amour. La sensation d'abord, oui, la sensation même, sinon la sensualité, que tout art comporte, à quelle hauteur, à quelle dignité, celui qu'on a pourtant nommé le docteur angélique, ne l'élève ou ne la relève-t-il pas ! Écoutez cette magnifique assurance : « Les raisons des choses qui existent en Dieu sous une forme intellectuelle, sont écrites dans la création sous une forme sensible. » Elles n'y sont pas seulement écrites : elles y parlent, elles y chantent ; leur parole et leur chant ne sont autres que la musique. « La création est la voix du Verbe et toutes les créatures sont comme un chœur de voix qui répètent le même Verbe. » Par cette seconde affirmation, il semble bien qu'après l'élément sensible, l'élément naturel de l'art musical, j'entends l'élément qui lui vient de la création, ou de la nature, soit absous du reproche d'immoralité.

Qui donc la réprouvera, notre musique, alors que de tels juges ne l'ont pas condamnée ? Un saint Thomas l'estime, l'admire, parce qu'elle délasse et parce qu'elle purifie[6]. Il l'aime, il la bénit parce que les saints l'embrassent pour ainsi dire en leurs dévotions ; parce que les pécheurs demandent miséricorde par elle ; parce que les affligés trouvent en elle leur réconfort, ceux qui sont chargés, leur allégement, et ceux qui combattent, leur courage[7].

Selon saint Thomas, toujours, la musique, — c'est là son pouvoir individuel, — nous affranchit du monde extérieur, nous ramène au dedans, au centre immobile et libre de notre âme. Par sa vertu sociale, elle peut autre chose encore : elle crée je ne sais quelle région d'innocence (*regionem innocuam*) où l'injustice mutuelle est abolie, où s'efface le mal que les hommes se font entre eux. Que les hommes donc, et tous les âges des hommes, lui donnent une place en leur esprit et dans leur cœur. Elle élèvera la jeunesse, à condition qu'elle ne la possède pas tout entière, qu'elle ne l'enivre ni ne l'égare, et que de ses devoirs supérieurs elle ne la détourne pas. La vieillesse même en sentira le charme encore, non plus sans doute la passion et la flamme, mais la lumière, la douceur et la paix.

Ce charme, la mort peut-être ne le brisera point. A ceux qui seraient tentés de condamner la musique, ceux qui la défendent ne rappelleront jamais trop ces paroles du plus grand des théologiens : « *Credibile quod post resurrectionem erit in sanctis laus vocalis.* On peut croire qu'après la résurrection les saints chanteront les louanges de Dieu. » Croyons-le donc, et que cette promesse faite, ou du moins cette espérance accordée à la musique, de la vie future et du salut éternel, nous soit comme un témoignage suprême non seulement de sa beauté, mais de sa vertu.

CAMILLE BELLAIGUE.

1. ↑ *Discours de combat,* nouvelle série, Paris, Perrin, 1902.

2. ↑ Voyez l'ouvrage de M. Pierre Lasserre : *Les Idées de Nietzsche sur la musique*, 1 vol., Paris ; *Société du Mercure de France*, 1907, p. 12 et suiv.
3. ↑ *Mehr Ausdruck als Malerei* (plus d'expression que de description).
4. ↑ Enquête du Musée social, Paris. *Les travailleurs du bois à Dantzig*, 1905. — Cité par M. Jules Combarieu : *la Musique, ses lois, son évolution*, Paris, Flammarion, 1907.
5. ↑ M. Verneuil, *l'Art musical au Sénégal et dans l'Afrique centrale* ; cité par M. Jules Combarieu, id. *ibid.*
6. ↑ *Causâ ludi et purificationis.*
7. ↑ *Quam* (musica) *sancti in suis devotionibus amplexantur, quâ peccalores veniam petunt, quâ tristes confortantur, quâ spiritu vexati levius se habent, quâ pugnantes animosiores efficiuntur.*